Lo que escuchas

Allan Fowler

Fotografías proporcionadas por Fotos VALAN
Versión en español de: Aída E. Marcuse

Asesores:
Dr. Robert L. Hillerich, Universidad
Estatal de Bowling Green, Ohio

Mary Nalbandian, Directora de Ciencias de las
Escuelas Públicas de Chicago, Illinois

Fay Robinson, Especialista en Desarrollo Infantil

CHILDRENS PRESS®
CHICAGO

Diseño de la tapa y diagramación de los libros de esta serie:
Sara Shelton

Catalogado en la Biblioteca del Congreso bajo:

Fowler, Allan.
    Lo que escuchas/Allan Fowler.
        p. cm.—(Mis primeros libros de ciencia)
        Resumen: Habla del sentido del oído, y dice cuánto contribuye
a la percepción de nuestro mundo y cómo lo expande.
    ISBN 0-516-34909-0
    1. Oír-Literatura juvenil. [1. Oír 2. Sentidos y sensaciones.]
I. Título. II. Series.
   QP462.2.F68 1991   90-22524
    151.1'5—dc20   CIP
                                           AC

Tu madre dice: "Buenas noches, que duermas bien".

Puede que no estés mirándola en ese momento, pero aún así sabes que quien habla es tu madre, porque reconoces el sonido de su voz en cuanto lo oyes.

Cada vez que oyes hablar
a la gente, o notas
cualquier tipo de sonido,
estás utilizando el sentido
del oído.

El sentido del oído te dice
si un sonido es

fuerte, como el rugido
de un león,

o suave como un murmullo.

El sentido del oído te dice
si un sonido es agudo…

como el de un silbato,

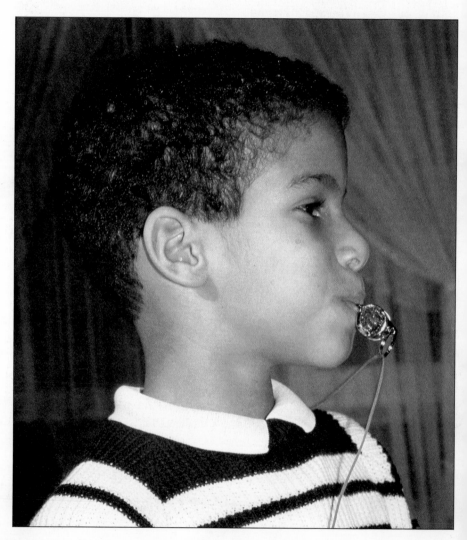

o grave, como el de una tuba.

Oyes con los oídos.

Este dibujo muestra cómo es la parte de adentro del oído.

Todas las partes del oído funcionan en conjunto para que puedas distinguir un sonido de otro.

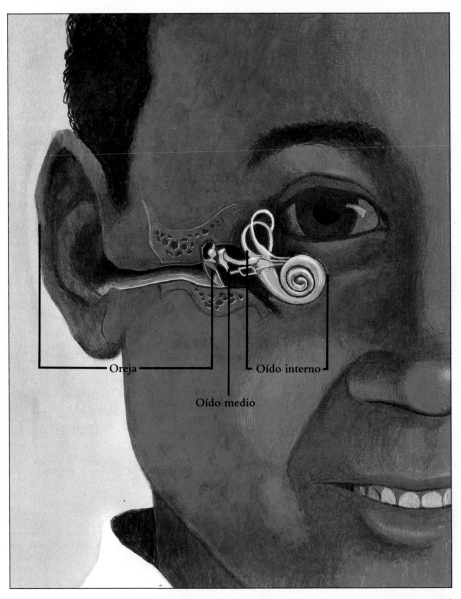

Oreja

Oído medio

Oído interno

¿Conoces estos sonidos?

¿El tilín, tilán de una campana?

¿El buuuu, buuuu, de un búho?

¿El rrrrooooorrr de una catarata?

¿El tintineo de una cajita
de música?

¿El aplauso entusiasta del público?

¿Reconoces el sonido de la risa de tu abuelo

y el llanto de un bebé?

Algunos sonidos son tan agudos que no puedes oírlos. Pero los perros los oyen, porque sus oídos son distintos a los de los seres humanos.

¿Qué sonido hace este lobo?

¿Qué sonido crees que está haciendo este gatito?

Algunos sonidos son muy
fuertes, como el de los
reactores de los aviones en
los aeropuertos.

La gente que trabaja cerca de
los aviones a chorro tiene
que protegerse los oídos con
orejeras especiales.

Los sonidos muy fuertes dañan los oídos. Hasta escuchar música fuerte en un estéreo puede dañarlos.

A los oídos llegan sonidos todo el tiempo, de día y de noche.

Cierra los ojos un minuto y ponte a escuchar.

¿Qué sonidos oyes?

Palabras que conoces

sentido del oído

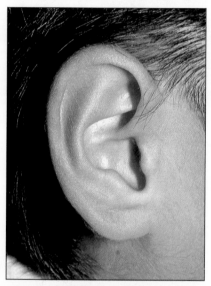

oído humano

oído del perro

sonidos fuertes

sonidos suaves

orejeras especiales

estéreo

Índice alfabético

Acerca del autor:

Allan Fowler es un escritor independiente, graduado en publicidad. Nació en New York, vive en Chicago y le encanta viajar.

Fotografías

Valan—©Johnny Johnson, Tapa, 22; ©Esther Schmidt, 5; ©Kennon Cooke, 6, 13, 26, 31 (arriba a la derecha y abajo a la izquierda); ©V. Wilkinson, 8, 9, 1 17, 18, 21, 27, 28, 30 (2 fotos), 31 (abajo a la derecha); ©James M. Richards, 14; ©John Fowler, 15; ©J.A. Wilkinson, 19; ©Dr. A. Farquhar, 24; ©Aubrey D 25, 31 (arriba a la izquierda).

Ilustración de Tom Dunnington, 11

Tapa: Un lobo